金子みすゞ童謡集

わたしと小鳥とすずと

選・矢崎　節夫

装丁挿絵・高畠　純

金子みすゞ
（1923年5月3日撮影）

はじめに

与田準一

こどもは大人のはじめです。こどもは人間のはじまりです。

こどもでなかった大人はありません。大人にならないこどもも、いないはずです。

大人に生長していくにしたがって、わたしたちは、こどもからはじまった自分だということを、ついつい、わすれがちです。

大人に生長していくうちに、こどもからはじまった自分だということを、いつもいつも思いだしているわけにもいきません。しかし、思いだそうとも、わすれようとも、こどもは大人のはじめですし、こどもは人間のはじまりなのです。

大人になっていくにしたがってわたしたちは、いろんなことがらを学びます。ところでどうでしょう、こどものころしか感じなかったたのしいこと、こどもだったからこそ空想《くうそう》することのできたすばらしいこと、それはこどもからはじまった自分だったことをわすれるのといっしょに、わすれがちです。

このようなふしぎさに気づいたイギリスの詩人ワーズワスは言ってます。こどもこそ大人の父だと。

さて、日本で、童謡《どうよう》は詩の芽《め》だと言ったひとがいました。わが国で一、二に数えられる文豪《ぶんごう》森《もり》鷗外《おうがい》そのひとです。鷗外は島根県《しまねけん》津和《つわ》野《の》でこどものころをすごしました。そのとなりの山口県《やまぐちけん》仙崎《せんざき》でそだったのが金子《かねこ》みすゞでした。みすゞは詩の芽であるすぐれた童謡をたくさんに書きのこしました。

童謡が詩の芽だとしたら、こどもの世界、おとなのはじまりの世界は詩の芽でいっぱいだということを、たのしくやさしく、そしてさみしく、またふしぎにゆたかにうたったのが詩人金子みすゞです。

みなさん、『わたしと小鳥とすずと』を読みあじわって、あなたたちのこころの世界に目をひらいてください。

わたしと小鳥とすずと・目次

はじめに　二

お魚

お魚　一四
大漁《たいりょう》　一六
土と草　一八
草の名　二〇
しば草　二二
木　二四
土　二六

まゆとはか　二八
つもった雪　三〇

春の朝

春の朝　三四
足ぶみ　三六
なかなおり　三八
ふうせん　四〇
はだし　四二
もういいの　四四
あさがお　四六
もくせい　四八
どんぐり　五〇
あした　五二

みんなをすきに

みんなをすきに　五六
おかし　五八
わたしのかみの　六〇
さかむけ　六二
あるとき　六四
たもと　六六
しかられるにいさん　六八
犬　七〇
おひる休み　七二
となりの子ども　七四
くれがた　七六
だいだいの花　七八
だるまおくり　八〇

つゆ

つゆ　八四
木　八六
わらい　八八
はちと神さま　九〇
げんげの葉のうた　九二
げんげ畑　九四
朝顔のつる　九六
夕顔　九八
みこし　一〇〇
石ころ　一〇二

わたしと小鳥とすずと

わたしと小鳥とすずと　一〇六

ふしぎ 一〇八
次からつぎへ 一一〇
星とたんぽぽ 一一二
茶わんとおはし 一一四
なしのしん 一一六
こよみと時計 一一八
ゆめとうつつ 一二〇
だれがほんとを 一二二
こだまでしょうか 一二四
こころ 一二六

すなの王国

すなの王国 一三〇
美しい町 一三二
しょうじ 一三四

ぬかるみ　一三六
花のたましい　一三八
雪　一四〇
日の光　一四二
『わたしと小鳥とすずと』によせて　一四五

お魚

お魚

海の魚はかわいそう。

お米は人につくられる、
牛はまき場でかわれてる、
こいもお池でふをもらう。

けれども海のお魚は
なんにも世話にならないし
いたずら一つしないのに
こうしてわたしに食べられる。

ほんとに魚はかわいそう。

大漁《たいりょう》

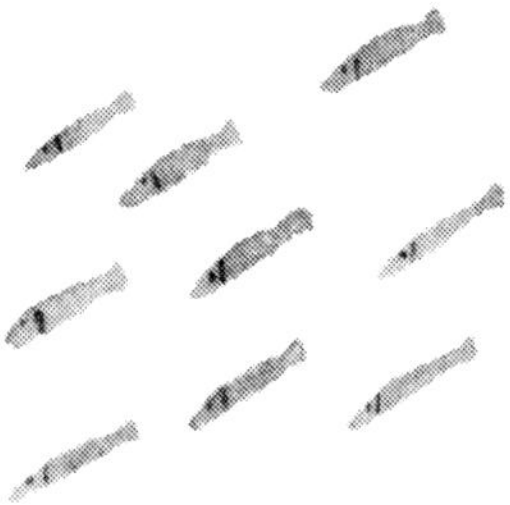

朝やけ小やけだ
大漁だ
大ばいわしの
大漁だ。

はまは祭りの
ようだけど
海のなかでは
何万の
いわしのとむらい
するだろう。

土と草

かあさん知らぬ
草の子を、
なん千万の
草の子を、
土はひとりで
育てます。

草があおあお
しげったら、
土はかくれて
しまうのに。

草の名

人の知ってる草の名は、
わたしはちっとも知らないの。

人の知らない草の名を、
わたしはいくつも知ってるの。

それはわたしがつけたのよ、
すきな草にはすきな名を。

人の知ってる草の名も、
どうせだれかがつけたのよ。

ほんとの名まえを知ってるは、
空のお日さまばかりなの。

だからわたしはよんでるの、
わたしばかりでよんでるの。

しば草

名はしば草というけれど、
その名をよんだことはない。

それはほんとにつまらない、
みじかいくせに、そこらじゅう、
みちの上まではみ出して、
力いっぱいりきんでも、
とてもぬけない、つよい草。

げんげはあかい花がさく、
すみれは葉までやさしいよ。
かんざし草はかんざしに、
京びななんかはふえになる。

けれどももしか原っぱが、
そんな草たちばかしなら、
あそびつかれたわたしらは、
どこへこしかけ、どこへねよう。

青い、じょうぶな、やわらかな、
たのしいねどこよ、しば草よ。

木

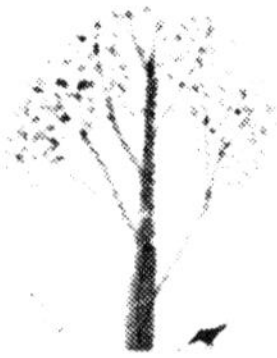

お花がちって
実がうれて、

その実が落ちて
葉が落ちて、

それから芽《め》が出て
花がさく。

そうして何べん
まわったら、
この木はご用が
すむかしら。

土

こッつん　こッつん
ぶたれる土は
よいはたけになって
よい麦生むよ。

朝からばんまで
ふまれる土は
よいみちになって
車を通すよ。

ぶたれぬ土は
ふまれぬ土は
いらない土か。

いえいえそれは
名のない草の
おやどをするよ。

まゆとはか

かいこはまゆに
はいります、
きゅうくつそうな
あのまゆに。

けれどかいこは
うれしかろ、

ちょうちょになって
とべるのよ。

人はおはかへ
はいります、
暗いさみしい
あのはかへ。

そしていい子は
はねがはえ、
天使になって
とべるのよ。

つもった雪

上の雪
さむかろな。
つめたい月がさしていて。

下の雪
重かろな。
何百人ものせていて。

中の雪
さみしかろな。
空も地面《じべた》もみえないで。

春の朝

春の朝

すずめがなくな、
いいひよりだな、
うっとり、うっとり
ねむいな。

上のまぶたはあこうか、
下のまぶたはまァだよ、
うっとり、うっとり
ねむいな。

足ぶみ

わらびみたよな雲が出て、
空には春がきましたよ。

ひとりで青空みていたら、
ひとりで足ぶみしましたよ。

ひとりで足ぶみしていたら、
ひとりでわらえてきましたよ。

ひとりでわらってしていたら、
だれかがわらってきましたよ。

からたちかきねが芽《め》をふいて、
小みちにも春がきましたよ。

なかなおり

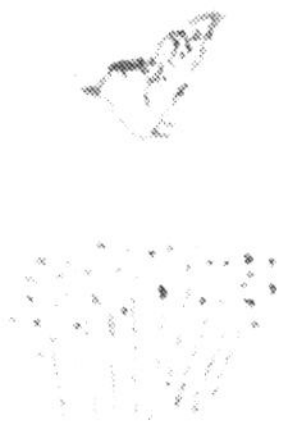

げんげのあぜみち、春がすみ、
むこうにあの子が立っていた。

あの子はげんげを持っていた、
わたしも、げんげをつんでいた。

あの子がわらう、と、気がつけば、
わたしも知らずにわらってた。

げんげのあぜみち、春がすみ、
ピイチクひばりがないていた。

ふうせん

ふうせん持った子が
そばにいて、
わたしが持ってるようでした。

ぴい、とどこぞで
ふえがなる、
まつりのあとのうらどおり、

あかいふうせん、
昼の月、
春のお空にありました。

ふうせん持った子が
行っちゃって、
すこしさみしくなりました。

はだし

土がくろくて、ぬれていて、
はだしの足がきれいだな。

名まえも知らぬねえさんが、
はなおはすげてくれたけど。

もういいの

——もういいの。
——まあだだよ。
びわの木の下と、
ぼたんのかげで、
かくれんぼうの子ども。

——もういいの。
——まあだだよ。
びわの木のえだと、
青い実のなかで、
小鳥と、びわと。

——もういいの。
——まあだだよ。
お空のそとと、
黒い土のなかで、
夏と、春と。

あさがお

青いあさがおあっち向いてさいた、
白いあさがおこっち向いてさいた。

ひとつの蜂《はち》が、
ふたつの花に。

ひとつのお日が、
ふたつの花に。

青いあさがおあっち向いてしぼむ、
白いあさがおこっち向いてしぼむ。

それでおしまい、
はい、さようなら。

もくせい

もくせいのにおいが
庭いっぱい。

おもての風が、
ご門のとこで、
はいろか、やめよか、
そうだんしてた。

どんぐり

どんぐり山で
どんぐりひろて、

おぼうしにいれて、
前かけにいれて、
お山をおりりゃ、
おぼうしがじゃまよ、
すべればこわい、
どんぐりすてて
おぼうしをかぶる。
お山を出たら
野は花ざかり、
お花をつめば、
前かけじゃまよ、
とうとうどんぐり
みんなすてる。

あした

まちであった
かあさんと子ども
ちらと聞いたは
「あした」

まちのはては
夕やけ小やけ、
春の近さも
知れる日。

なぜかわたしも
うれしくなって
思ってきたは
「あした」

みんなをすきに

みんなをすきに

わたしはすきになりたいな、
何でもかんでもみいんな。
ねぎも、トマトも、おさかなも、
のこらずすきになりたいな。

うちのおかずは、みいんな、
かあさまがおつくりなったもの。

わたしはすきになりたいな、
だれでもかれでもみいんな。

お医者さんでも、からすでも、
のこらずすきになりたいな。

世界のものはみィんな、
神さまがおつくりなったもの。

おかし

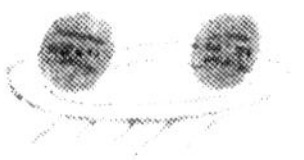

いたずらに一つかくした
弟のおかし。
たべるもんかと思ってて、
たべてしまった、
一つのおかし。

かあさんが二つッていったら、
どうしよう。

おいてみて
とってみてまたおいてみて、
それでも弟が来ないから、
たべてしまった、
二つめのおかし。

にがいおかし、
かなしいおかし。

わたしのかみの

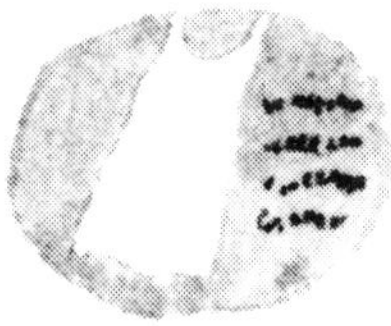

わたしのかみの光るのは、
いつもかあさま、なでるから。

わたしのお鼻のひくいのは、
いつもわたしが鳴らすから。

わたしのエプロンの白いのは、
いつもかあさま、あらうから。

わたしのお色の黒いのは、
わたしがいりまめたべるから。

さかむけ

なめても、すっても、まだいたむ
べにさし指のさかむけよ。

おもいだす、
おもいだす、
いつだかねえやにきいたこと。
「指にさかむけできる子は、
親のいうこときかぬ子よ。」
おとつい、すねてないたっけ、
きのうも、お使いしなかった。
かあさんにあやまりゃ、
なおろうか。

あるとき

お家のみえる角へきて、
おもいだしたの、あのことを。

わたしはもっと、ながいこと、
すねていなけりゃいけないの。

だって、かあさんはいったのよ、
「ばんまでそうしておいで」って。

だのに、みんながよびにきて、
わすれてとんで出ちゃったの。

なんだかきまりが悪いけど、
でもいいわ、
ほんとはきげんのいいほうが、
きっと、かあさんはすきだから。

たもと

たもとのゆかたは
うれしいな
よそゆきみたいな気がするよ。

夕がおの
花の明るい背戸《せど》へ出て
そっとおどりのまねをする。

とん、と、たたいて、手を入れて
たれか来たか、と、ちょいと見る。

あいのにおいの新しい
ゆかたのたもとは
うれしいな。

しかられるにいさん

にいさんがしかられるので、
さっきからわたしはここで、
そでなしのあかい小ひもを、
むすんだり、といたりしてる。

それだのに、うらの原では、
さっきからしろ取りしてる、
ときどきはとびもないてる。

犬

うちのだりあのさいた日に
酒屋のクロは死にました。

おもてであそぶわたしらを、
いつでも、おこるおばさんが、
おろおろないておりました。

その日、学校《がっこ》でそのことを
おもしろそうに、話してて、

ふっとさみしくなりました。

おひる休み

「しろ取りするもな　みな来いよ。」
「ためおにするもな　みな来いよ。」

あの組や、いれてはくれまいし、
あの組や、あの子が大将《たいしょう》だし。

知らぬかおして、かたかげで、
地面《じべた》に汽車をかいている。

あの組や、わかれてはじめたな、
あそこは、おにきめしているな。

なにか、びくびくしていたが、
みんなはじめてしまったら、

さわぎのなかに、うら山の
せみのなくのがきこえるよ。

となりの子ども

そらまめむきむき
きいていりゃ、
となりの子どもが
しかられる。

のぞいてみようか、
悪かろか、
そらまめにぎって
出てみたが、
そらまめにぎって
またもどる。

どんなおいたを
したんだろ、
となりの子どもは
しかられる。

くれがた

にいさん
口ぶえ
ふきだした。

わたしは
たもとを
かんでいた。

にいさん
口ぶえ
すぐやめた。

おもてに
こっそり
夜がきた。

だいだいの花

ないじゃくり
するたびに、
だいだいの花のにおいがしてきます。

いつからか、
すねてるに、
だれもさがしに来てくれず、

かべのあなから
つづいてる、
ありをみるのもあきました。

かべのなか、
くらのなか、
だれかのわらう声がして、

思いだしてはないじゃくる
そのたびに、
だいだいの、花のにおいがしてきます。

*ないじゃくる＝なきじゃくる

だるまおくり

白勝った、
白勝った。
そろって手をあげ
「ばんざあい」
赤組のほう見て
「ばんざあい」

だまってる
赤組よ、
秋のお昼の
日の光り、
土によごれて、ころがって、
赤いだるまがてられてる。

も一つと
先生がいうので
「ばんざあい。」
すこし小声になりました。

つゆ

つゆ

だれにもいわずにおきましょう。

朝のお庭のすみっこで、
花がほろりとないたこと。

もしもうわさがひろがって
はちのお耳へはいったら、

わるいことでもしたように、
みつをかえしにゆくでしょう。

木

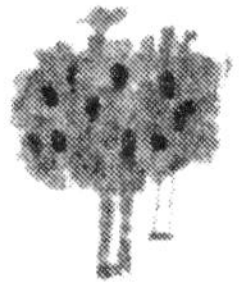

小鳥は
小えだのてっぺんに、
子どもは
木かげのぶらんこに、
小ちゃな葉っぱは
芽《め》のなかに。

あの木は、
あの木は、
うれしかろ。

わらい

それはきれいなばらいろで、
けしつぶよりかちいさくて、
こぼれて土に落ちたとき、
ぱっと花火がはじけるように、
おおきな花がひらくのよ。

もしもなみだがこぼれるように、
こんなわらいがこぼれたら、
どんなに、どんなに、きれいでしょう。

はちと神さま

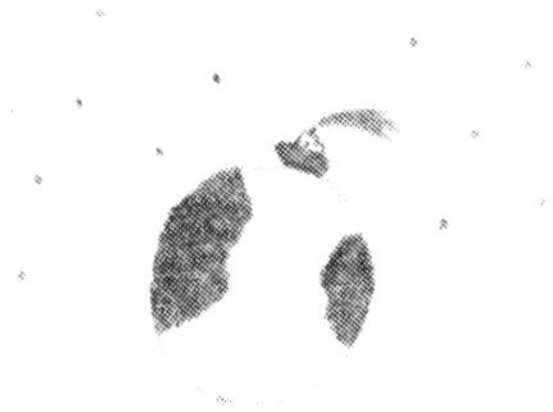

はちはお花のなかに、
お花はお庭のなかに、
お庭は土べいのなかに、
土べいは町のなかに、
町は日本のなかに、
日本は世界のなかに、
世界は神さまのなかに。

そうして、そうして、神さまは、
小ちゃなはちのなかに。

げんげの葉のうた

花はつまれて
どこへゆく

ここには青い空があり
うたうひばりがあるけれど

あのたのしげな旅びとの
風のゆくてが
おもわれる

花のつけ根をさぐってる
あのあいらしい手のなかに
わたしをつむ手は
ないかしら

げんげ畑

ちらほら花も
さいている、
げんげ畑が
すかれます。

やさしいめをした
黒牛に

ひかれてすきが
うごくとき、
花も葉っぱも
つぎつぎに、
黒い、重たい
土の下。

空じゃひばりが
ないてるに、
げんげ畑は
すかれます。

朝顔のつる

垣《かき》がひくうて
朝顔は、
どこへすがろと
さがしてる。

西もひがしも
みんなみて、

さがしあぐねて
かんがえる。

それでも
お日さまこいしゅうて、
きょうも一寸《いっすん》
またのびる。

のびろ、朝顔、
まっすぐに、
納屋《なや》のひさしが
もう近い。

夕顔

お空の星が
夕顔に、
さびしかないの、と
ききました。

おちちのいろの
夕顔は、

さびしかないわ、と
いいました。

お空の星は
それっきり、
すましてキラキラ
ひかります。

さびしくなった
夕顔は、
だんだん下を
むきました。

みこし

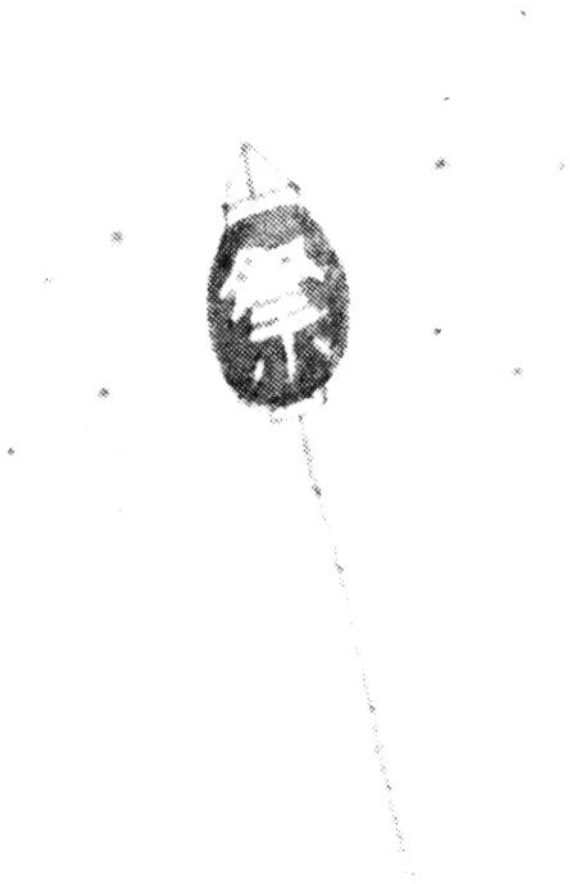

赤いちょうちんまだひがつかぬ、
秋のまつりの日ぐれがた。

遊びつかれてお家へもどりゃ、
おとうさんはお客さま、
おかあさんはいそがしい。

ふっとさびしい日ぐれがた、
うらの通りをあらしのように、
みこしのゆくのをききました。

石ころ

きのうは子どもを
ころばせて
きょうはお馬を
つまずかす。
あしたはたれが
とおるやら。

いなかのみちの
石ころは
赤い夕日に
けろりかん。

わたしと小鳥とすずと

わたしと小鳥とすずと

わたしが両手をひろげても、
お空はちっともとべないが、
とべる小鳥はわたしのように、
地面《じべた》をはやくは走れない。

わたしがからだをゆすっても、
きれいな音はでないけど、
あの鳴るすずはわたしのように
たくさんなうたは知らないよ。

すずと、小鳥と、それからわたし、
みんなちがって、みんないい。

ふしぎ

わたしはふしぎでたまらない、
黒い雲からふる雨が、
銀にひかっていることが。

わたしはふしぎでたまらない、
青いくわの葉たべている、
かいこが白くなることが。

わたしはふしぎでたまらない、
たれもいじらぬ夕顔が、
ひとりでぱらりと開くのが。

わたしはふしぎでたまらない、
たれにきいてもわらってて、
あたりまえだ、ということが。

次からつぎへ

月夜にかげふみしていると、
「もうおやすみ」とよびにくる。
（もっとあそぶといいのになあ。）
けれどかえってねていると、
いろんなゆめがみられるよ。

そしていいゆめみていると、
「さあ学校」とおこされる。

（学校がなければいいのになあ。）
けれど学校へでてみると、
おつれがあるから、おもしろい。

みなでしろ取りしていると、
お鐘《かね》が教場へおしこめる。
（お鐘がなければいいのになあ。）
けれどお話きいてると、
それはやっぱりおもしろい。

ほかの子どももそうかしら、
わたしのように、そうかしら。

星とたんぽぽ

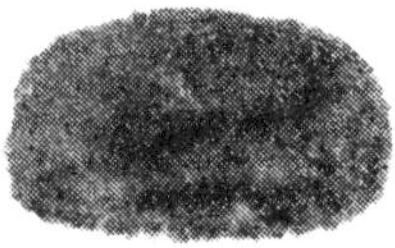

青いお空のそこふかく、
海の小石のそのように、
夜がくるまでしずんでる、
昼のお星はめにみえぬ。
　見えぬけれどもあるんだよ、
　見えぬものでもあるんだよ。

ちってすがれたたんぽぽの、
かわらのすきに、だァまって、
春のくるまでかくれてる、
つよいその根はめにみえぬ。
　見えぬけれどもあるんだよ、
　見えぬものでもあるんだよ。

茶わんとおはし

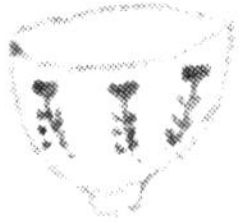

お正月でも
花ざかり、
わたしのべに絵のお茶わんは。

四月がきても
花さかぬ、
わたしのみどりのおはしには。

なしのしん

なしのしんはすてるもの、だから
しんまで食べる子、けちんぼよ。

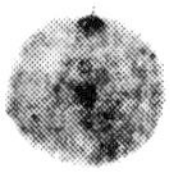

なしのしんはすてるもの、だけど
そこらへほうる子、ずるい子よ。

なしのしんはすてるもの、だから
ごみばこへ入れる子、おりこうよ。

そこらへすてたなしのしん、
ありがやんやら、ひいてゆく。
「ずるい子ちゃん、ありがとよ。」

ごみばこへいれたなしのしん、
ごみ取りじいさん、取りに来て、
だまってごろごろひいてゆく。

こよみと時計

こよみがあるから
こよみをわすれて
こよみをながめちゃ、
四月だというよ。

こよみがなくても
こよみを知ってて

りこうな花は
四月にさくよ。

時計があるから
時間をわすれて
時計をながめちゃ、
四時だというよ。

時計はなくても
時間を知ってて
りこうなとりは
四時にはなくよ。

ゆめとうつつ

ゆめがほんとでほんとがゆめなら、
よかろうな。
ゆめじゃなんにも決まってないから、
よかろうな。

ひるまの次は、夜だってことも、
わたしが王女でないってことも、

お月さんは手ではとれないってことも、
ゆりのなかへははいれないってことも、
時計のはりは右へゆくってことも、
死んだ人たちゃいないってことも。

ほんとになんにも決まってないから、
よかろうな。
ときどきほんとをゆめにみたなら、
よかろうな。

だれがほんとを

だれがほんとをいうでしょう、
わたしのことを、わたしに。
　よそのおばさんはほめたけど、
なんだかすこうしわらってた。

だれがほんとをいうでしょう、
花にきいたら首ふった。
　それもそのはず、花たちは、
みんな、あんなにきれいだもの。

だれがほんとをいうでしょう、
小鳥にきいたらにげちゃった。
　きっといけないことなのよ、
　だから、いわずにとんだのよ。

だれがほんとをいうでしょう、
かあさんにきくのは、おかしいし、
　（わたしは、かわいい、いい子なの、
　それとも、おかしなおかおなの。）

だれがほんとをいうでしょう、
わたしのことをわたしに。

こだまでしょうか

「遊《あす》ぼう」っていうと
「遊ぼう」っていう。

「ばか」っていうと
「ばか」っていう。

「もう遊ばない」っていうと
「遊ばない」っていう。

そうして、あとで
さみしくなって、

「ごめんね」っていうと
「ごめんね」っていう。

こだまでしょうか、
いいえ、だれでも。

こころ

おかあさまは
おとなで大きいけれど、
おかあさまの
おこころはちいさい。

だって、おかあさまはいいました、
ちいさいわたしでいっぱいだって。

わたしは子どもで
ちいさいけれど、
ちいさいわたしの
こころは大きい。

だって、大きいおかあさまで、
まだいっぱいにならないで、
いろんなことをおもうから。

すなの王国

すなの王国

わたしはいま
すなのお国の王様です。

お山と、谷と、野原と、川を
思うとおりにかえてゆきます。

おとぎばなしの王様だって
自分のお国のお山や川を、
こんなにかえはしないでしょう。

わたしはいま
ほんとにえらい王様です。

美しい町

ふと思いだす、あの町の、
川のほとりの、赤い屋根、

そうして、青い大川の、
水の上には、白いほが、
しずかに、しずかに動いてた。

そうして、川岸《かし》の草の上、
わかい、絵かきのおじさんが、
ぼんやり、水をみつめてた。

そうして、わたしは何してた。
思いだせぬとおもったら、
それは、たれかにかりていた、
ご本のさし絵でありました。

しょうじ

おへやのしょうじは、ビルディング。

しろいきれいな石づくり、
空までとどく十二階、
お部屋のかずは、四十八。

一つのへやにはえがいて、
あとのおへやはみんな空《から》。

四十七間のへやべやへ、
だれがはいってくるのやら。

ひとつひらいたあのまどを、
どんな子どもがのぞくやら。

――まどはいつだか、すねたとき、
指でわたしがあけたまど。

ひとり日ながにながめてりゃ、
そこからみえる青空が、
ちらりとかげになりました。

ぬかるみ

このうらまちの
ぬかるみに、
青いお空が
ありました。

とおく、とおく、
うつくしく、
すんだお空が
ありました。

このうらまちの
ぬかるみは、
深いお空で
ありました。

花のたましい

ちったお花のたましいは、
みほとけさまの花ぞのに、
ひとつのこらずうまれるの。

だって、お花はやさしくて、
おてんとさまがよぶときに、
ぱっとひらいて、ほほえんで、
ちょうちょにあまいみつをやり、
人にゃにおいをみなくれて、

風がおいでとよぶときに、
やはりすなおについてゆき、

なきがらさえも、ままごとの
ごはんになってくれるから。

雪

だれも知らない野のはてで
青い小鳥が死にました
　さむいさむいくれがたに

そのなきがらをうめよとて
お空は雪をまきました
　ふかくふかく音もなく

人は知らねど人里の
家もおともにたちました
　しろいしろいかつぎ着て

やがてほのぼのあくる朝
空はみごとに晴れました
　あおくあおくうつくしく

小《ち》さいきれいなたましいの
神さまのお国へゆくみちを
　ひろくひろくあけようと

日の光

おてんと様のお使いが
そろって空をたちました。
みちで出会ったみなみ風、
（何しに、どこへ。）とききました。

ひとりは答えていいました。
（この「明るさ」を地にまくの、
みんながお仕事できるよう。）

ひとりはさもさもうれしそう。
（わたしはお花をさかせるの、
世界をたのしくするために。）

ひとりはやさしく、おとなしく、
（わたしはきよいたましいの、
のぼるそり橋かけるのよ。）

のこったひとりはさみしそう。
（わたしは「かげ」をつくるため、
やっぱり一しょにまいります。）

『わたしと小鳥とすずと』によせて

矢崎節夫

童謡《どうよう》は詩です。

リズムのある詩です。

だれにでも、わかることばで書いた詩です。じぶんのリズムで、読んだり、うたったりできる詩です。

金子みすゞの童謡は、そんなすてきな詩なのです。

わたしが、金子みすゞの童謡をはじめて読んだのは、大学一年のときでした。『日本童謡集《にほんどうようしゅう》』（与田準一編《よだじゅんいちへん》・岩波文庫）という本に、たった一編《いっぺん》だけ「大漁《たいりょう》」がのっていたのです。

大漁

朝やけ小やけだ
大漁だ
大ばいわしの
大漁だ。

はまは祭りの
ようだけど
海のなかでは
何万の

いわしのとむらい
するだろう。

わたしは強く心をうたれました。

大漁を喜ぶ人々の、お祭りのようににぎわう浜辺《はまべ》をながめながら、そのうらにかくれている、海の魚たちの悲しみをみつめた、一人のやさしい詩人の目を感じたからです。

――こんなに思いの深い、やさしい童謡《どうよう》を書いた、金子みすゞとは、どんな人なのだろうか。

わたしはこの時から、金子みすゞについて、もっと知りたいと、思いつづけるようになったのです。が、長い間、金子みすゞについて、それほどたくさんのことはわかりませんでした。

いまから五十年いじょうも前に、西條八十《さいじょうやそ》という有名な詩人に、

「わかい童謡《どうよう》詩人の中の巨星《きょせい》」とまで期待された詩人であったにもかかわらず、金子みすゞとみすゞの童謡は、童謡をあいする人々の心のおくに、大切に、そっとしまわれて、世の中からはわすれられてしまっていたのです。

いま、わたしの手元には、三さつの手帳があります。みすゞがじぶんの童謡を、だいじに、だいじに書きうつした、手づくりの童謡集です。

わたしがみすゞをさがし始めてから十六年の後、みすゞが弟さんにのこした、この手帳がみつかったのです。

第一童謡集「美しい町」、第二童謡集「空のかあさま」、第三童謡集「さみしい王女」、この三さつの童謡集には、みすゞが生前に発表した九十編《ぺん》をふくむ、五百十二編もの童謡が書いてありました。

この五百十二編の童謡は、『金子みすゞ全集』（ＪＵＬＡ出版局）という本になりました。

童謡集『わたしと小鳥とすずと』は、全集のなかから、みなさんにぜひ読んでほしい童謡を六十編ほどえらび、ふるいかん字やかな使いだけをあらためて、読みやすくしたものです。

どれも、五十年いじょうも前に書かれたとはしんじられないほど、新しく感じられます。

この詩を書いた金子みすゞは、本名は金子テルといいます。いまからおよそ八十年ほど前、明治三十六年（一九〇三年）四月十一日、山口県《やまぐちけん》大津郡《おおつぐん》仙崎村《せんざきむら》に生まれました。

いまの長門市《ながとし》仙崎です。

仙崎は日本海に面した漁師町《りょうしまち》で、仙崎湾《せんざきわん》と深川湾《ふかわわん》にかこまれた三角州の、小さな町です。町のたった一本の大通りからは、右を見ても、左を見ても海が見えます。

むかいにある青海島《おおみじま》から見ると、まるで海にうかぶ龍宮《りゅうぐう》のように、かわいい町です。

みすゞはこの町で、たのしい少女時代をすごしました。

金子家は、お父さん、お母さん、お兄さん、弟、それにおばあさんとみすゞの六人家族でした。しかし、みすゞが二歳《さい》のとき、お父さんがなくなり、生まれてまもない弟は、下関《しものせき》にある上山文英堂書《うえやまぶんえいどう》店という親類《しんるい》の家に、もらわれていきました。上山文英堂は、お母さんの妹がおよめにいったさきで、その人に子どもがいなかったからです。

お父さんのいなくなった金子家は、仙崎《せんざき》でたった一けんの本屋を始めました。文房具《ぶんぼうぐ》もあつかっていました。

お母さんは、とてもはたらき者で、そのうえ、やさしい人だったそうです。本屋のお店は、いつも子どもたちのわらい声でいっぱいでした。子どもたちが立ち読みしても、お母さんはおこりませんでした。むしろ、本を読む子はえらいねと、ほめるほうでした。

そんなお母さんに育てられて、みすゞは小さいころから、本が大すきでした。親類の家にいくにも、本をもっていくほどでした。

女学校時代のみすゞに、こんな話がのこっています。

学芸会《がくげいかい》のときのことです。

先生がだれだれさんはこの役をしなさいとか、あの役をしなさいとかいっているときに、みすゞは、じぶんでつくったお話をしたいといったそうです。

当日、みすゞは先生や全校生徒の前で、いまつくったばかりのお話ですといって、話をしました。

夜中におもちゃばこがひっくり返って、人形がころがりでて、何かをする話だったということです。原稿も見ずに、とてもその話が上手だったので、みんなびっくりしたそうです。

小さいときから、本が大すきなみすゞです。お話をつくって、みんなに聞かせることは、そんなにむずかしいことではなかったかもしれません。

みすゞは、作文を書くこともすきだったようです。女学校の文集には、四年間、毎年えらばれて、みすゞの作文がのっています。どれも、みすゞの童謡《どうよう》を思わせる美しい文章です。

みすゞが女学校二年のとき、弟がもらわれていった下関《しものせき》の親類《しんるい》のおばさんがなくなりました。次の年、お母さんは、この下関の親類、上山文英堂《うえやまぶんえいどう》の主人と再婚《さいこん》して、弟のお母さんになったのです。

みすゞは、仙崎《せんざき》のおばあさんのもとにのこって、女学校を卒業しました。

そして、お兄さんをてつだって、本屋の店番をしていましたが、やがてお兄さんが結婚《けっこん》すると、下関のお母さんのところにいきました。

下関の上山文英堂書店は、本店のほかに三げんの出店をもつ大きな書店でした。みすゞは、そのうちの一けんの出店の、たった一人の店番として、はたらき始めました。

出店といっても、仙崎の本屋よりは、新しい本がたくさんあったにちがいありません。本ずきのみすゞには、どんなにうれしかったことでしょうか。

この本屋は、みすゞにとって、みすゞの童謡のなかにでてくる、

「すなの王国」のようでした。山や谷や野原を、思うとおりにかえていく王様のように、みすゞはじぶんのすきなように本や雑誌《ざっし》をならべ、だれよりもさきに、新しい本を手にとることができたのです。

とくに、詩がのっている雑誌には、すべて目をとおしました。そして、そこにのった西條八十《さいじょうやそ》の童謡《どうよう》に心おどらせたのです。八十のファンタスティックな童謡は、みすゞの心を強くとらえました。

――わたしも童謡を書いてみたい。

小さな本屋のかたすみで、みすゞはじぶんの心を、すなおにうたい始めました。

すべてがあかるくかがやき始める五月――みすゞ、二十歳《さい》のときのことでした。

六月のはじめ、みすゞははじめて書いた童謡を、西條八十が選《せん》をしている、雑誌『童話』に投稿《とうこう》しました。

はじめて書いて、はじめて投稿した童謡、「お魚」と「打出の小づち」は、えらばれて『童話』九月号にのりました。

選者《せんじゃ》の西條八十はみすゞの童謡を「この感じはちょうどあのイギリスの詩人、クリスティナ・ロゼッティと同じだ」とほめ、「女性《じょせい》のすぐれた童謡詩人のいない今日、この調子で大いに努力《どりょく》してください」とはげましています。

このときから、「大漁」「つゆ」「美しい町」「土」「みこし」と、みすゞの童謡は次々と、雑誌『童話』に発表されていきました。

みすゞの童謡がのるたびに、八十はそのイマジネーションのゆたかさを、ロゼッティやスティーブンソンという、イギリスの詩人とくらべて絶讃《ぜっさん》しました。

ファンタスティックで、やさしくて、それでいて人々の心のおく深くまで見つめた、みすゞの童謡は、たちまちのうちに多くの詩人や文学少年・少女の心をとらえたのでした。

「お魚」がのった大正十二年九月号から、大正十三年六月号までの、わずか十か月のあいだに、みすゞの童謡《どうよう》は、じつに二十三編《ぺん》もえらばれたのです。

本州の一ばん南のはしにある下関《しものせき》、そこの本屋の小さな出店の、たった一人の店番の少女、金子みすゞの名前は、こうして日本中のわかい詩人や読者の、あこがれの星になっていったのでした。

金子みすゞは、昭和五年（一九三〇年）三月十日、二十六歳《さい》のわかさでこの世をさりました。

詩のはじまりは、神さまへのおいのりだった。

という、ことばがあります。

『詩のはなし』（巽聖歌《たつみせいか》・文）という本のなかに、でてくることばです。

わたしは、ずいぶん長い間、金子みすゞの童謡を、ひとことでいうとしたら、どういえばいいか、考えてきました。

きもちのいい詩です。もちろん、そうです。

やさしい詩です。これも、あたっています。

たのしい詩です、うれしい詩です、といっても、いいでしょう。

どれも、あたっています。

でも、どれもなんだか少し、いいたりないのです。

あの、みすゞの童謡を読んだあとに感じる、心のやすらぎや、心のあらわれるような気持ちまで、表現《ひょうげん》できることばはないでしょうか。

こう考えていたとき、ふと、思いだしたのが、小学生のときに読んだ、「詩のはじまりは、神さまへのおいのりだった」という、ことばでした。

このことばを思いだしたとき、わたしは、あっ、そうか、と少しわかったような気がしたのです。

みすゞの童謡《どうよう》は、みすゞのいのりの詩だったのです。

この童謡集のタイトルにした「わたしと小鳥とすずと」を、もう一度、しずかに読んでみてください。

わたしと小鳥とすずと

わたしが両手をひろげても、
お空はちっともとべないが、
とべる小鳥はわたしのように、
地面《じべた》をはやくは走れない。

わたしがからだをゆすっても、
きれいな音はでないけど、
あの鳴るすずはわたしのように
たくさんなうたは知らないよ。

すずと、小鳥と、それからわたし、
みんなちがって、みんないい。

「すずと、小鳥と、それからわたし、みんなちがって、みんないい」とうたうみすゞの心のいのりが、だれの心にも、やさしく、あたたかくひびいてくるでしょう。

みすゞの童謡は、小さいもの、力の弱いもの、無名《むめい》なもの、無用《むよう》なもの、この地球という星に存在《そんざい》する、すべてのものに対する、いのりのうただったのです。

みなさんは、金子みすゞ童謡集《どうようしゅう》を読んで、どんなふうに思ったでしょうか。


わたしは、みすゞの童謡が大すきです。

ひとりでも多くの人が、みすゞの童謡をすきになってくださると、うれしいです。

そして――。

だれの心のなかにも、みすゞはいるのです。

このみすゞの童謡を読んで、ひとりでも多くの人が、じぶんのなかのみすゞを見つけてくれたら、わたしはもっと、もっとうれしいです。

金子みすゞ童謡集 わたしと小鳥とすずと

著者／金子みすゞ　選者／矢崎節夫

発行日――――1984年8月31日　第1刷　2019年7月10日　第109刷

再発行――――2020年9月　第1刷 発行　2024年12月　第5刷 発行

発行者――――福田康彦

発行所――――JULA出版局

〒113-0021東京都文京区本駒込6-14-9フレーベル館内

TEL.03-5395-6657

発売元――――株式会社フレーベル館

〒113-8611東京都文京区本駒込6-14-9

TEL.03-5395-6613

印刷所――――新日本印刷株式会社　製本所――――牧製本印刷株式会社

164P 18×14cm NDC911 ISBN978-4-577-61025-1

＊落丁·乱丁本はお取りかえいたします。

金子みすゞ著作保存会

＊作品はすべて、『金子みすゞ全集』より転載しました。

＊かなづかいは、現代かなづかいを用い、旧漢字は改めました。

＊原則として、小学校4年以上に配当された漢字は、かな書きとしています。